CADERNO DO LEITOR

Organizadora: Editora Moderna
Obra coletiva concebida, desenvolvida e produzida pela Editora Moderna.

Editora Executiva:
Marisa Martins Sanchez

NOME: ....

....TURMA: ....

ESCOLA: ....

....

1ª edição

Editora Moderna © 2018

Elaboração de originais

Marisa Martins Sanchez
Licenciada em Letras pelas Faculdades São Judas Tadeu. Professora de Português em escolas públicas e particulares de São Paulo por 11 anos. Editora.

Coordenação editorial: Marisa Martins Sanchez
Edição de texto: Marisa Martins Sanchez, Christina Binato
Assistência editorial: Magda Reis
Gerência de *design* e produção gráfica: Everson de Paula
Coordenação de produção: Patricia Costa
Suporte administrativo editorial: Maria de Lourdes Rodrigues
Coordenação de *design* e projetos visuais: Marta Cerqueira Leite
Projeto gráfico: Daniel Messias, Daniela Sato, Mariza de Souza Porto
Capa: Daniel Messias, Otávio dos Santos, Mariza de Souza Porto, Cristiane Calegaro
 Ilustração: Raul Aguiar
Coordenação de arte: Wilson Gazzoni Agostinho
Edição de arte: Daiane Alves Ramos, Regiane Santana
Editoração eletrônica: MRS Editorial
Coordenação de revisão: Elaine C. del Nero
Revisão: Nancy H. Dias
Coordenação de pesquisa iconográfica: Luciano Baneza Gabarron
Pesquisa iconográfica: Mariana Veloso
Coordenação de *bureau*: Rubens M. Rodrigues
Tratamento de imagens: Fernando Bertolo, Joel Aparecido, Luiz Carlos Costa, Marina M. Buzzinaro
Pré-impressão: Alexandre Petreca, Everton L. de Oliveira, Marcio H. Kamoto, Vitória Sousa
Coordenação de produção industrial: Wendell Monteiro
Impressão e acabamento: Rona Editora

Lote: 768571
Cod: 12113117

Dados Internacionais de Catalogação na Publicação (CIP)
(Câmara Brasileira do Livro, SP, Brasil)

Buriti plus português / organizadora Editora Moderna ; obra coletiva concebida, desenvolvida e produzida pela Editora Moderna. — 1. ed. — São Paulo : Moderna, 2018. (Projeto Buriti)

Obra em 5 v. para alunos do 1º ao 5º ano.

1. Português (Ensino fundamental)

18-16393   CDD-372.6

Índices para catálogo sistemático:

1. Português : Ensino fundamental 372.6

Maria Alice Ferreira – Bibliotecária – CRB-8/7964

ISBN 978-85-16-11311-7 (LA)
ISBN 978-85-16-11312-4 (GR)

Reprodução proibida. Art. 184 do Código Penal e Lei 9.610 de 19 de fevereiro de 1998.
Todos os direitos reservados
EDITORA MODERNA LTDA.
Rua Padre Adelino, 758 – Belenzinho
São Paulo – SP – Brasil – CEP 03303-904
Vendas e Atendimento: Tel. (0_ _11) 2602-5510
Fax (0_ _11) 2790-1501
www.moderna.com.br
2022
Impresso no Brasil

1 3 5 7 9 10 8 6 4 2

SUMÁRIO

UNIDADE 1 *CHAPEUZINHO VERMELHO*, DOS IRMÃOS GRIMM 4

UNIDADE 2 *CONVERSA SEM SAÍDA*, DE ROSANE PAMPLONA 14

UNIDADE 3 *A BELA ADORMECIDA*, DE CHARLES PERRAULT 19

UNIDADE 4 *O PEQUENO PIRATA QUE NÃO SABIA NADAR*, DE CHRISTELLE CHATEL 25

UNIDADE 5 *A FESTA NO CÉU*, DE CÂMARA CASCUDO 30

UNIDADE 6 *CHIQUINHA MOTA PEREIRA,* DE ADRIANA FALCÃO 36

UNIDADE 7 *A POMBA E A FORMIGA*, DE ROSANE PAMPLONA 41

UNIDADE 8 *EU, O XIXIPOSSAURO*, DE LUCIANA SAITO 43

ADESIVOS 50

CHAPEUZINHO VERMELHO

ERA UMA VEZ UMA MENINA MUITO LINDA E MEIGA QUE MORAVA EM UMA ALDEIA COM SUA MÃE E ERA AMADA POR TODOS. ELA TINHA UMA AVÓ, QUE MORAVA NA FLORESTA E VINHA SEMPRE VISITÁ-LA. TODAS AS VEZES A BOA VELHINHA LHE TRAZIA UM PRESENTE.

CERTA VEZ A AVÓ DEU À NETINHA UMA CAPA DE VELUDO VERMELHO COM CAPUZ. VESTIU TÃO BEM NA MENINA E ELA GOSTOU TANTO QUE NÃO QUERIA MAIS USAR OUTRA ROUPA! POR ISSO, PASSOU A SER CHAMADA DE CHAPEUZINHO VERMELHO.

UM DIA, A VOVÓ DE CHAPEUZINHO FICOU DOENTE E NÃO PODIA SAIR DE CASA. A MÃE, VENDO QUE A MENINA ESTAVA MUITO TRISTE, DISSE-LHE:

— CHAPEUZINHO, PREPAREI ESTE BOLO E COLHI ESTAS FRUTAS PARA SUA AVÓ. ACHO QUE ELA SE SENTIRÁ MELHOR SE VOCÊ LEVÁ-LOS PARA ELA. MAS PRESTE ATENÇÃO, VOCÊ VAI ATRAVESSAR A FLORESTA E DEVE SER MUITO CUIDADOSA. NÃO CONVERSE COM ESTRANHOS E NÃO PARE NO CAMINHO. VOLTE ANTES DO ENTARDECER.

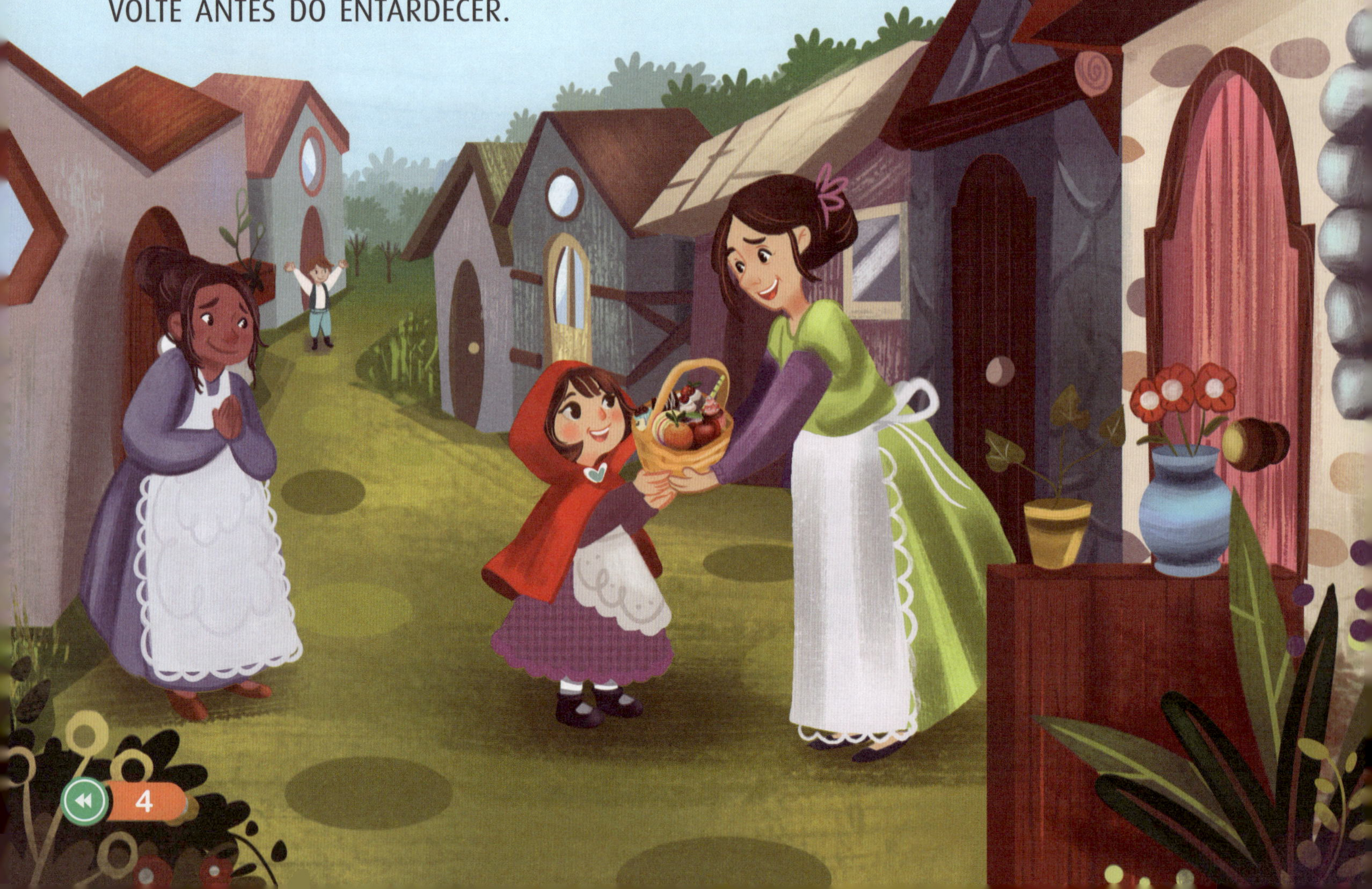

— FIQUE TRANQUILA, MAMÃE, VOU FAZER TUDO DIREITINHO E VOLTAREI LOGO.

E A MENINA SAIU FELIZ, VESTIDA COM SUA CAPA VERMELHA, E A CESTA COM O BOLO E AS FRUTAS.

CHAPEUZINHO SEGUIA SEMPRE EM FRENTE, PRESTANDO ATENÇÃO NO CAMINHO, QUE ERA LONGO... DE REPENTE, O LOBO APARECEU:

— BOM DIA, CHAPEUZINHO, AONDE VAI ASSIM TÃO SÉRIA?

COMO A MENINA NUNCA TINHA VISTO UM LOBO E NÃO SABIA DA SUA MALDADE, RESPONDEU GENTILMENTE:

— EU VOU À CASA DE MINHA AVÓ, QUE ESTÁ DOENTE. PRECISO LEVAR-LHE ESTA CESTA COM O BOLO QUE MINHA MÃE FEZ E AS FRUTAS QUE COLHEU. ASSIM, ELA SE SENTIRÁ MELHOR.

O LOBO PERCEBEU A INGENUIDADE DA MENINA E VIU QUE TINHA ALI O SEU ALMOÇO GARANTIDO.

— MAS POR QUE ESSA PRESSA TODA? O DIA ESTÁ TÃO LINDO!

— MINHA AVÓ MORA LONGE E NÃO POSSO ME DEMORAR...

— ONDE MORA SUA VOVOZINHA, CHAPEUZINHO?

— AH, O SENHOR DEVE CONHECER O LUGAR. A CASA DELA FICA À SOMBRA DE TRÊS GRANDES CARVALHOS E AO FUNDO TEM UMA LINDA NOGUEIRA!

O LOBO ENTÃO PENSOU: "ESSA MENINA SERÁ UM BOM PETISCO! E, SE EU FOR ESPERTO, PODEREI TER UMA FARTA REFEIÇÃO. ABOCANHO DE UMA VEZ A VELHA E A MENINA". PENSOU ISSO E DISSE:

— ESTA FLORESTA PODE TER MUITOS PERIGOS, CHAPEUZINHO! POSSO ACOMPANHÁ-LA?

— O SENHOR É MUITO GENTIL! MAS NÃO PRECISA TER ESSE TRABALHO, FALTA POUCO PARA EU CHEGAR LÁ.

— TRABALHO NENHUM, CHAPEUZINHO. VEJA QUANTAS FLORES LINDAS POR AQUELE LADO. NÃO GOSTARIA DE LEVAR ALGUMAS PARA SUA AVÓ?

— NÃO POSSO. MINHA MÃE PEDIU-ME QUE EU NÃO PARASSE NO CAMINHO.

— MAS NÃO DEMORA QUASE NADA, E SUA VOVOZINHA FICARÁ MUITO MELHOR SE RECEBER ALGUMAS FLORES...

CHAPEUZINHO PENSOU QUE O LOBO BEM PODERIA TER RAZÃO. QUE MAL FARIA ENTRAR POR AQUELA TRILHA E COLHER ALGUMAS FLORES?

ENQUANTO CHAPEUZINHO SEGUIA COLHENDO UMA FLOR AQUI E OUTRA ALI, E MAIS OUTRA ADIANTE... O LOBO SEGUIU EM DISPARADA PARA A CASA DA VOVÓ.

ALI CHEGANDO, BATEU NA PORTA E FALOU AFINANDO A VOZ:

— ABRA A PORTA, VOVÓ! SOU EU, CHAPEUZINHO VERMELHO!

A AVÓ, QUE ESTAVA MUITO FRACA PARA SE LEVANTAR, PEDIU QUE A MENINA ABRISSE O TRINCO E ENTRASSE.

O LOBO ENTROU RAPIDAMENTE E, SEM QUE A VELHINHA PUDESSE ENTENDER O QUE SE PASSAVA, DEVOROU-A. ENTÃO, VESTIU UMA CAMISOLA E UMA TOUCA, DEITOU-SE NA CAMA DA VOVÓ E FICOU ESPERANDO POR CHAPEUZINHO.

CHAPEUZINHO COLHIA DISTRAIDAMENTE AS FLORES QUANDO PERCEBEU QUE HAVIA PASSADO MUITO TEMPO. ENTÃO, SAIU CORRENDO PARA A CASA DE SUA AVÓ.

AO CHEGAR LÁ, A MENINA VIU A PORTA ABERTA E SENTIU QUE HAVIA ALGO ESTRANHO... COM UM POUCO DE MEDO, GRITOU DO LADO DE FORA:

— OLÁ, VOVÓ! SOU EU, CHAPEUZINHO!

MAS NINGUÉM RESPONDEU. A MENINA ENTROU E VIU A AVÓ DEITADA NA CAMA. APROXIMOU-SE DELA E SENTIU MEDO, POIS SUA APARÊNCIA ESTAVA MUITO ESTRANHA. SERÁ QUE ERA POR CAUSA DA DOENÇA?

— VOVÓ, COMO AS SUAS ORELHAS ESTÃO GRANDES! — EXCLAMOU CHAPEUZINHO.

E O LOBO, FINGINDO SER A VOVÓ, RESPONDEU:

— SÃO PARA ESCUTÁ-LA MELHOR, MINHA NETINHA!

— E COMO OS SEUS OLHOS ESTÃO GRANDES, VOVÓ!

— SÃO PARA VÊ-LA MELHOR, CHAPEUZINHO!

— VOVÓ, COMO A SUA BOCA ESTÁ GRANDE!

— É PARA COMÊ-LA MELHOR, MINHA QUERIDA!

E, DIZENDO ISSO, SALTOU DA CAMA E DEVOROU CHAPEUZINHO.

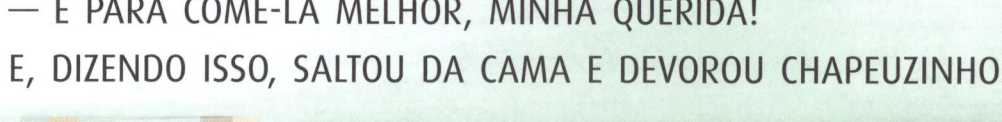

Com a barriga tão cheia, o lobo sentiu muito sono e dormiu.

Naquele momento, passava por ali um caçador que era muito amigo da boa velhinha. Ele estranhou os roncos altos que vinham da casa e pensou: "Nunca ouvi um ronco tão alto. Preciso ver se está tudo bem com a vovó".

O caçador entrou na casa e viu o lobo bem folgado na cama, dormindo e roncando.

— Ah, então é você, seu lobo? Há quanto tempo eu o procurava!

Ele já ia matar o lobo quando percebeu que a vovó não estava na casa. Imaginando que o lobo poderia tê-la comido, abriu-lhe a barriga e... que surpresa! Um capuzinho vermelho logo apareceu. Bastou mais um corte na barriga, e Chapeuzinho pulou para fora apavorada:

— Ai, que medo eu tive! Estava tão escuro lá dentro!

Logo em seguida, saiu a vovó. Ela também estava muito assustada.

Os três ficaram muito felizes e fizeram um delicioso lanche com a cesta que Chapeuzinho levara.

Depois, o caçador foi embora arrastando o lobo. Chapeuzinho abraçou carinhosamente a vovó e lhe disse:

— Hoje eu aprendi uma lição! Nunca mais eu vou desobedecer à minha mamãe!

CONTO DOS IRMÃOS GRIMM
ADAPTADO POR MARISA SANCHEZ.

PARA COMPREENDER O TEXTO

1 PINTE AS PERSONAGENS DA HISTÓRIA.

2 CIRCULE A ROUPA DE QUE CHAPEUZINHO VERMELHO MAIS GOSTAVA.

- DE QUEM CHAPEUZINHO VERMELHO GANHOU ESSA ROUPA?

MÃE AVÓ LOBO

3 O QUE CHAPEUZINHO VERMELHO LEVOU NA CESTA PARA A VOVÓ?

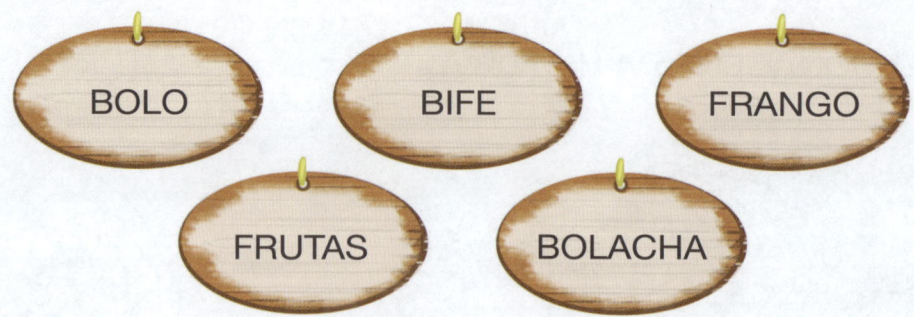

- BOLO
- BIFE
- FRANGO
- FRUTAS
- BOLACHA

4 CHAPEUZINHO VERMELHO DESOBEDECEU À MAMÃE.

- PINTE O CAMINHO QUE ELA SEGUIU ANTES DE IR PARA A CASA DA VOVÓ.
- PINTE TAMBÉM O QUE ELA FOI PEGANDO PELO CAMINHO.

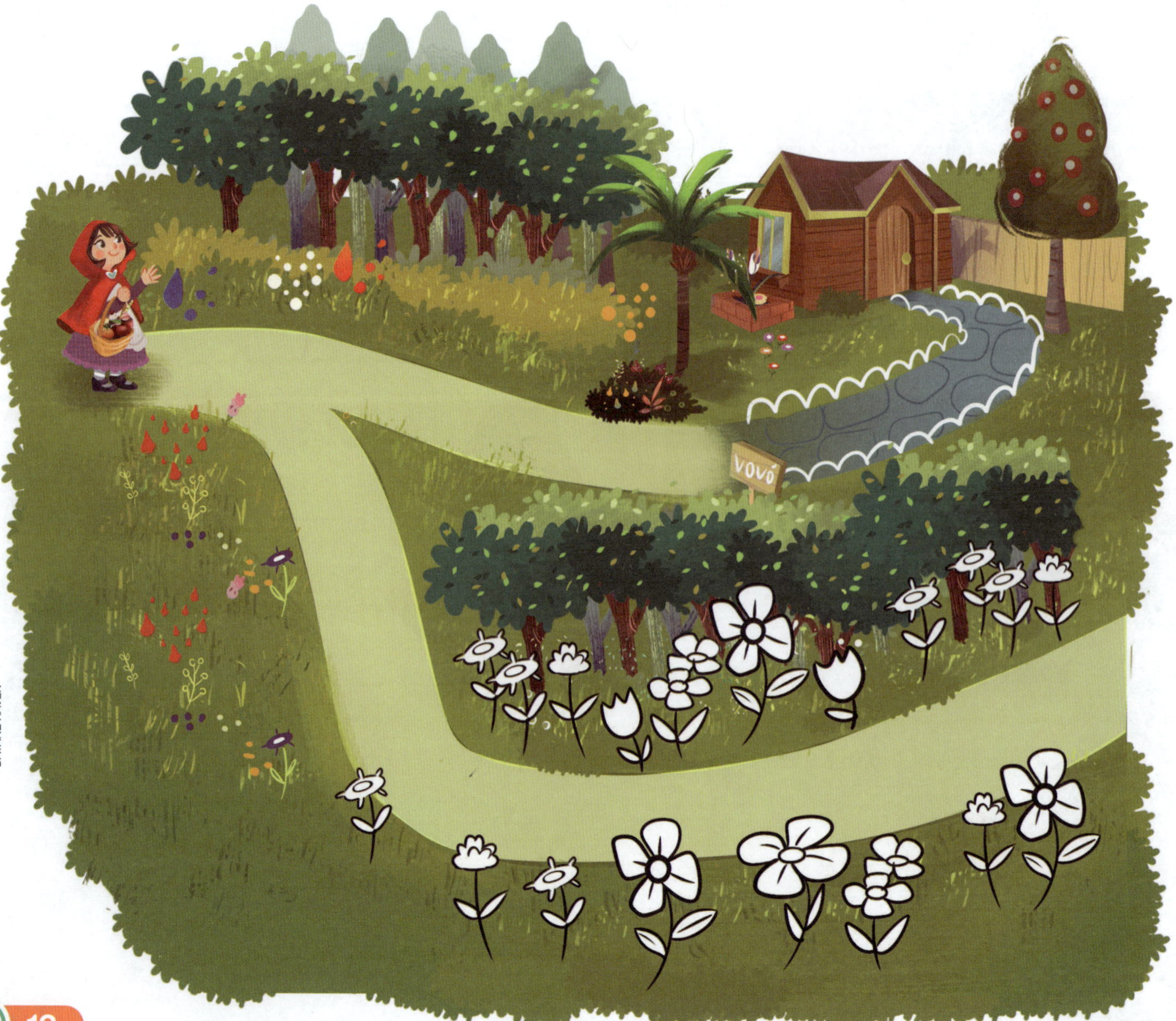

5 QUEM CHAPEUZINHO ENCONTROU QUANDO CHEGOU À CASA DA VOVÓ?

_____

6 O QUE CHAPEUZINHO ACHOU ESTRANHO NA APARÊNCIA DA "VOVÓ"?

- PINTE OS ☐ COM AS RESPOSTAS.

☐ A BOCA.   ☐ OS OLHOS.

☐ A BARRIGA.   ☐ OS OSSOS.

☐ AS ORELHAS.   ☐ AS OVELHAS.

7 PINTE A PERSONAGEM QUE SALVOU CHAPEUZINHO E A VOVÓ.

8 QUAL FOI A LIÇÃO QUE CHAPEUZINHO APRENDEU?

- DESENHE CHAPEUZINHO AO LADO DO BALÃO CORRETO.

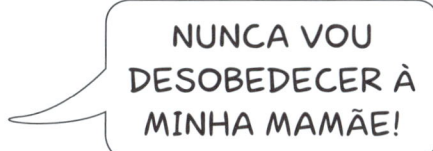
NUNCA VOU DESOBEDECER À MINHA MAMÃE!

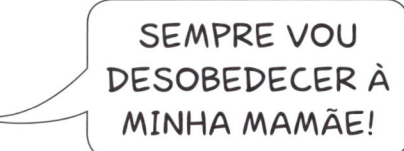
SEMPRE VOU DESOBEDECER À MINHA MAMÃE!

CONVERSA SEM SAÍDA

ERA UMA VEZ UMA AVÓ MUITO DISTRAÍDA, QUE CHAMOU O NETO E, DANDO-LHE TRÊS MOEDAS DE UM TOSTÃO, PEDIU:

— MEU NETO, VÁ ATÉ A VENDA E TRAGA UM TOSTÃO DE PÃO, UM TOSTÃO DE LEITE, UM TOSTÃO DE CAFÉ E MAIS UM TOSTÃO DE QUEIJO.

— ESPERE UM POUCO, VÓ... — OBSERVOU O MENINO, CONTANDO AS MOEDAS. — OLHE AQUI: UM TOSTÃO PARA O PÃO, UM TOSTÃO PARA O LEITE, UM TOSTÃO PARA O CAFÉ... E PARA O QUEIJO?

— MENINO, PRESTE ATENÇÃO! — RALHOU A AVÓ. — UM TOSTÃO PARA O QUEIJO, UM TOSTÃO PARA O CAFÉ, UM TOSTÃO PARA O LEITE.

— E PARA O PÃO?

— ENTÃO, FOI O QUE EU DISSE: UM TOSTÃO PARA O PÃO, UM TOSTÃO PARA O QUEIJO, UM TOSTÃO PARA O CAFÉ.

— E PARA O LEITE?

— OLHE AQUI: UM TOSTÃO PARA O LEITE, UM TOSTÃO PARA O PÃO, UM TOSTÃO PARA O QUEIJO.

— E PARA O CAFÉ?

E ASSIM FICARAM OS DOIS NAQUELA CONVERSA SEM SAÍDA, ATÉ QUE A AVÓ, SEM MAIS PACIÊNCIA, PEGOU AS MOEDAS E FOI ELA MESMA À VENDA, ONDE COMPROU UM TOSTÃO DE CAFÉ, UM TOSTÃO DE LEITE E UM TOSTÃO DE PÃO.

— E O QUEIJO...?

ROSANE PAMPLONA. *ERA UMA VEZ... TRÊS!*
HISTÓRIAS DE ENROLAR...
SÃO PAULO: MODERNA, 2006.

PARA COMPREENDER O TEXTO

1 ILUSTRE O TEXTO DAS PÁGINAS 14 E 15.

2 QUEM SÃO AS PERSONAGENS DA HISTÓRIA?

| AVÓ | FILHO | NETO | MÃE |

- COMO VOCÊ DESCOBRIU ISSO? COPIE O TRECHO DO TEXTO QUE COMPROVA QUEM SÃO AS PERSONAGENS.

_____

_____

_____

3 PINTE A PERSONAGEM QUE ERA DISTRAÍDA.

- POR QUE ELA É DISTRAÍDA?
  PINTE O ☐.

  ☐ PORQUE NÃO PRESTA ATENÇÃO NO MENINO.

  ☐ PORQUE NÃO PERCEBE QUE SEMPRE FALTA UM PRODUTO NA LISTA.

4 DESCUBRA O QUE ESTAVA FALTANDO EM CADA UMA DAS FALAS DA AVÓ.

- DESTAQUE OS ADESIVOS DA PÁGINA 50 E COLE-OS NOS BALÕES DE FALA DO NETO.

5 CIRCLE A IMAGEM QUE CORRESPONDE À PALAVRA **TOSTÃO**.

6 QUANTOS TOSTÕES A AVÓ DEU AO NETO? ☐ TOSTÕES.

- SE CADA PRODUTO CUSTA 1 TOSTÃO, A AVÓ CONSEGUIRIA COMPRAR OS QUATRO PRODUTOS?
PINTE O .

☐ SIM.   ☐ NÃO.

7 NA SUA OPINIÃO, POR QUE A HISTÓRIA SE CHAMA **CONVERSA SEM SAÍDA**?

_____

_____

_____

A BELA ADORMECIDA

CONTA-SE QUE, NUM TEMPO MUITO ANTIGO, HAVIA UM REI E UMA RAINHA QUE QUERIAM MUITO TER UM FILHO. QUANDO A PRINCESINHA AURORA NASCEU, A ALEGRIA FOI TANTA QUE PREPARARAM UMA GRANDE FESTA E CONVIDARAM TODAS AS PESSOAS DO REINO, INCLUSIVE AS FADAS. CADA FADA PRESENTEOU A PRINCESA COM UM DOM: BELEZA, BONDADE, ALEGRIA, INTELIGÊNCIA E AMOR.

DE REPENTE, APARECEU A BRUXA MALÉVOLA. FURIOSA POR NÃO TER SIDO CONVIDADA PARA A FESTA, DISSE PARA A RAINHA:

— QUANDO A PRINCESA COMPLETAR 15 ANOS, ESPETARÁ O DEDO NO FUSO DE UMA ROCA E MORRERÁ!

A FADA FLORA, QUE AINDA NÃO HAVIA DADO SEU PRESENTE, MODIFICOU O FEITIÇO DE MALÉVOLA DIZENDO:

— INFELIZMENTE NÃO POSSO DESFAZER O FEITIÇO, MAS POSSO TORNÁ-LO MAIS LEVE: A PRINCESA NÃO MORRERÁ, APENAS DORMIRÁ UM SONO PROFUNDO ATÉ QUE O BEIJO DE UM PRÍNCIPE A DESPERTE.

O REI, QUE ERA UM HOMEM MUITO PRECAVIDO, ORDENOU QUE TODAS AS ROCAS DO REINO FOSSEM DESTRUÍDAS.

O TEMPO FOI PASSANDO, E AURORA CRESCIA FELIZ. A CADA DIA FICAVA MAIS BELA E CARINHOSA. AO COMPLETAR 15 ANOS, O REI E A RAINHA DECIDIRAM DAR NOVAMENTE UMA GRANDE FESTA.

NESSE DIA, AURORA E SUAS AMIGAS BRINCAVAM DE ESCONDE-ESCONDE NO IMENSO CASTELO. PROCURANDO UM LUGAR QUE SERVISSE DE ESCONDERIJO, A PRINCESA SUBIU UMA ESCADA QUE LEVAVA PARA A VELHA TORRE. LÁ ENCONTROU UMA ROCA ESCONDIDA. APROXIMOU-SE CURIOSA E, AO TOCÁ-LA, ESPETOU SEU DEDO NO FUSO, CAINDO NUM SONO PROFUNDO. NO MESMO INSTANTE, TODOS QUE ESTAVAM NA FESTA ADORMECERAM. ENTÃO, O CÉU ESCURECEU, E UMA IMENSA FLORESTA FORMOU-SE AO REDOR DO CASTELO.

TODO O REINO CHOROU COM O TRISTE DESTINO DA FAMÍLIA REAL E DE SEUS CONVIDADOS. NAS CONVERSAS SOBRE O OCORRIDO, SEMPRE SE REFERIAM À PRINCESA AURORA COMO A BELA ADORMECIDA.

MUITOS ANOS DEPOIS, UM PRÍNCIPE QUE OUVIRA FALAR DA HISTÓRIA DA BELA ADORMECIDA DECIDIU ENTRAR NO CASTELO. ATRAVESSOU CORAJOSAMENTE A FLORESTA E, ESPANTADO, VIU QUE TODOS DORMIAM, ATÉ MESMO OS ANIMAIS.

SUBIU A ESCADA DA TORRE E ENCONTROU A PRINCESA, QUE DORMIA PROFUNDAMENTE EM UMA CAMA DE OURO.

O PRÍNCIPE APROXIMOU-SE E CARINHOSAMENTE BEIJOU-A.

NO MESMO INSTANTE, A PRINCESA AURORA DESPERTOU E COM ELA TODOS OS CONVIDADOS. A FLORESTA DESAPARECEU, E O CASTELO RESSURGIU MAJESTOSO.

POUCOS DIAS DEPOIS, ELES SE CASARAM E FORAM FELIZES PARA SEMPRE.

CONTO DE CHARLES PERRAULT
RECONTADO POR MARISA SANCHEZ.

PARA COMPREENDER O TEXTO

1 DESENHE NA PÁGINA 19 A FESTA DE NASCIMENTO DA PRINCESA, COMO VOCÊ A IMAGINOU.

2 COPIE O NOME DESTAS PERSONAGENS.

PRINCESA →

BRUXA →

FADA →

3 QUAL FOI O FEITIÇO LANÇADO PELA BRUXA?

- PINTE O ☐.

☐ A PRINCESA CAIRÁ DA TORRE DO CASTELO E MORRERÁ.

☐ A PRINCESA ESPETARÁ O DEDO NUMA AGULHA E MORRERÁ.

☐ A PRINCESA ESPETARÁ O DEDO NO FUSO DE UMA ROCA E MORRERÁ.

- POR QUE A BRUXA FEZ ISSO?

_____
_____
_____
_____

4 A FADA MODIFICOU O FEITIÇO. O QUE ACONTECERIA À PRINCESA?

- PINTE O ☐.

  ☐ A PRINCESA NÃO CONSEGUIRIA MAIS DORMIR.

  ☐ A PRINCESA DORMIRIA UM SONO PROFUNDO.

  ☐ A PRINCESA DORMIRIA UM SONO BEM LEVE.

5 DO QUE A PRINCESA BRINCAVA EM SUA FESTA DE 15 ANOS?

- PINTE O ☐.

  ☐ CABRA-CEGA.

  ☐ PEGA-PEGA.

  ☐ ESCONDE-ESCONDE.

6 EM QUE LUGAR DO CASTELO AURORA FOI SE ESCONDER?

- DESEMBARALHE AS LETRAS E ESCREVA A PALAVRA.

  R E T O R _____

7 O QUE ACONTECEU COM A PRINCESA DEPOIS DE ESPETAR O DEDO NO FUSO?

- PINTE O ☐.

  ☐ ELA MORREU.

  ☐ ELA CHOROU.

  ☐ ELA DORMIU.

  ☐ ELA CAIU.

8 OBSERVE ESTA ROCA.

- CIRCULE O FUSO QUE ESPETOU A PRINCESA.

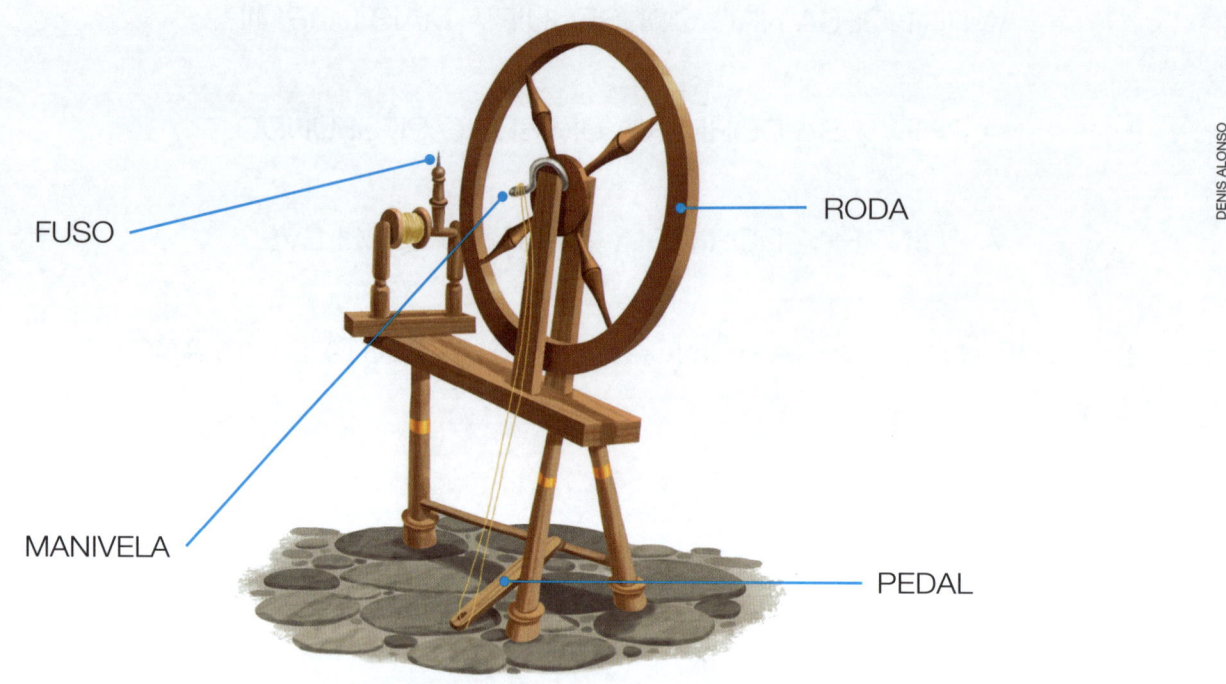

9 COMO AURORA PASSOU A SER CHAMADA A PARTIR DESSE DIA?

_____

10 PINTE NA PÁGINA 21 A CENA EM QUE O PRÍNCIPE SALVA A PRINCESA.

- O QUE ELE PRECISOU FAZER PARA SALVÁ-LA?
  PINTE O ☐.

  ☐ DAR UM ABRAÇO.

  ☐ DAR UM QUEIJO.

  ☐ DAR UM BEIJO.

O PEQUENO PIRATA QUE NÃO SABIA NADAR

NA PEQUENA CIDADE DOS PIRATAS EXISTE UMA PADARIA, UM CORREIO E UMA ESCOLA PARA APRENDER A SE TORNAR...

PIRATA!

AMANHÃ, TODOS OS ALUNOS VÃO FAZER UM EXAME PARA TIRAR O DIPLOMA DE NATAÇÃO, E PIERRE ESTÁ COM DOR DE BARRIGA SÓ DE PENSAR EM PULAR NA ÁGUA.

SABE POR QUÊ? ELE NÃO SABE NADAR!

SENTADO NUM ROCHEDO BEM ALTO, À BEIRA DA PRAIA, ELE OLHA COM PREOCUPAÇÃO O MAR E SEUS REFLEXOS BRILHANTES. DE REPENTE, SURGE UM ANIMAL, ESPIRRA ÁGUA POR TODOS OS LADOS E MOLHA PIERRE.

"HI, HI, HI!", SORRI O GOLFINHO.

— UM GOLFINHO! — EXCLAMA PIERRE, TODO MOLHADO.

ELE PRECISOU TIRAR SUAS ROUPAS E PENDURÁ-LAS PARA SECAR, FICANDO SÓ DE CALÇÃO DE BANHO.

O GOLFINHO RIU DE NOVO E, MOSTRANDO TODOS OS SEUS DENTES, APROXIMOU-SE DE PIERRE, DEVAGARINHO.

ÁUDIO
O PEQUENO PIRATA QUE NÃO SABIA NADAR

— BRAVO! VOCÊ NADA MUITO BEM, DE VERDADE!
— DIZ PIERRE ACARICIANDO AS NADADEIRAS DO BICHO.

NUM INSTANTE, SEM DEIXAR QUE PIERRE TIVESSE TEMPO DE PENSAR, O GOLFINHO ACELERA BRUSCAMENTE, E O PEQUENO PIRATA SE VÊ NAS COSTAS DELE, NO MEIO DO MAR.

— SOCORRO! — GRITA PIERRE.

MAS, DEPOIS DE ALGUNS MINUTOS, ELE ACHA MUITO AGRADÁVEL A COSQUINHA QUE A ESPUMA DAS ONDAS FAZ EM SUAS PERNAS. AH, SE SEUS AMIGOS PUDESSEM VÊ-LO AGORA! ELES NÃO CAÇOARIAM MAIS DELE!

"VOU FAZER OS MOVIMENTOS DOS BRAÇOS, COMO NA PISCINA!", PENSA PIERRE.

E OPA! ELE AVANÇA SOZINHO, SEM PERCEBER QUE NÃO ESTÁ MAIS SENDO CARREGADO PELO GOLFINHO.

O CAPITÃO BIGODE PRETO, LÁ DA POPA DE SEU NAVIO, OBSERVA O FILHO.

— PIERRE, VOCÊ ESTÁ NADANDO!

PIERRE ESTÁ ORGULHOSO E FELIZ! ELE NADA ATÉ O CASCO DO NAVIO E SOBE NO CONVÉS PELA ESCADA DE CORDA. E, ENTÃO, PROCURANDO PELO GOLFINHO, ELE O VÊ BEM NA HORA EM QUE O ANIMAL DÁ UM SALTO MAGNÍFICO.

— OBRIGADO, MEU AMIGO! NUNCA VOU ESQUECER VOCÊ! JAMAIS! — GRITA PIERRE.

CHRISTELLE CHATEL. *JE LIS COMME UN GRAND*. PARIS: FLEURUS EDITIONS, 2011. TRADUÇÃO DE CHRISTINA BINATO.

PARA COMPREENDER O TEXTO

1 QUEM SÃO AS PERSONAGENS DO CONTO?

- LIGUE O NOME DA PERSONAGEM AO SEU DESENHO.

PIERRE   GOLFINHO   CAPITÃO BIGODE PRETO

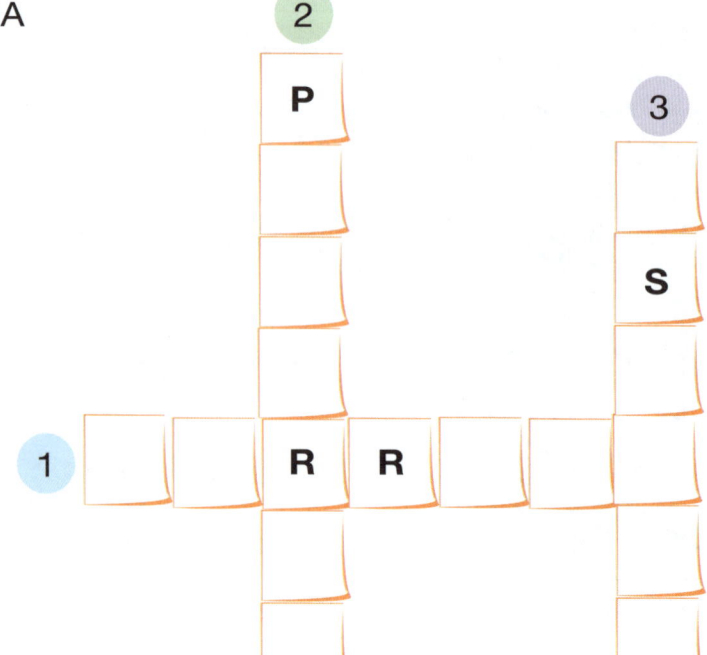

2 O QUE O CAPITÃO BIGODE PRETO É DE PIERRE?

☐ PIRATA.   ☐ PROFESSOR.   ☐ PAI.

3 PIERRE MORA NA CIDADE DOS PIRATAS. VOCÊ SE LEMBRA DO QUE TINHA NAQUELA CIDADE?

- COMPLETE A CRUZADINHA.

1 LUGAR ONDE SE ENTREGAM CARTAS.

2 LUGAR ONDE SE VENDE PÃO.

3 LUGAR ONDE SE ESTUDA.

4 ESCREVA DO QUE PIERRE TINHA MEDO.

_____

_____

- QUEM O AJUDOU A PERDER ESSE MEDO?

_____

5 DESENHE NA PÁGINA 25 O ENCONTRO DE PIERRE COM O GOLFINHO.

> **DICA**
> LEMBRE-SE DE COMO PIERRE FICOU VESTIDO DEPOIS QUE COLOCOU SUAS ROUPAS PARA SECAR.

6 DESTAQUE O GOLFINHO DA PÁGINA 50 E COLE-O NA PÁGINA 27.

7 ESCREVA O NOME DAS PARTES DO NAVIO DO PAI DE PIERRE QUE APARECEM NA HISTÓRIA.

A FESTA NO CÉU

OS BICHOS DA FLORESTA ESTAVAM AGITADOS PORQUE RECEBERAM A NOTÍCIA DE QUE HAVERIA UMA GRANDE FESTA NO CÉU. E JÁ FAZIAM SEUS PREPARATIVOS QUANDO SOUBERAM QUE PARA A FESTA SERIAM CONVIDADAS APENAS AS AVES. MUITO JUSTO! AFINAL, PARA CHEGAR AO CÉU, ERA PRECISO SABER VOAR... TODOS SE CONFORMARAM, MENOS O SAPO.

— EU É QUE NÃO VOU PERDER UMA FESTANÇA DESSAS! AH, EU VOU DE QUALQUER JEITO!

ENTÃO, O SAPO BOLOU UM PLANO. O URUBU ERA UM GRANDE MESTRE DA VIOLA E ANIMAVA TODAS AS FESTAS COM SEU TALENTO. ERA CERTO QUE A VIOLA IRIA COM ELE PARA O CÉU. O SAPO, QUE NÃO ERA NADA BOBO, PENSOU: "ESTA NOITE FAREI UMA VISITA AO SENHOR URUBU E, QUANDO NOS DESPEDIRMOS, FINGIREI QUE VOU EMBORA E PULO PARA DENTRO DA VIOLA".

ASSIM ELE FEZ. À NOITE, FOI TER COM O URUBU. JANTARAM, CONVERSARAM E, AO SE DESPEDIR, O SAPO DISSE:

— BEM, VOU EMBORA, MESTRE VIOLEIRO, QUE DAQUI ATÉ O CÉU É UM LONGO CAMINHO.

— MAS COMO PODERÁ IR À FESTA? QUE EU SAIBA O SENHOR NÃO VOA! — DISSE O SENHOR URUBU MUITO SURPRESO.

— ISSO É O QUE VEREMOS! — E SAIU COAXANDO PARA AS ESTRELAS.

OU MELHOR, FINGIU QUE SAÍA, MAS FOI SÓ O URUBU FECHAR A PORTA QUE O SAPO PULOU PELA JANELA E... VAPT! PARA DENTRO DA VIOLA.

NO DIA SEGUINTE, TODAS AS AVES SE ENCONTRARAM NA MAIS ALTA ÁRVORE DA FLORESTA. E LÁ ESTAVA O URUBU COM SUA VIOLA, QUE NAQUELA MANHÃ LHE PARECIA UM POUCO MAIS PESADA DO QUE NOS OUTROS DIAS.

CHEGANDO AO CÉU, O URUBU DEIXOU A VIOLA EM UM CANTO, E O SAPO APROVEITOU PARA PULAR FORA.

APROXIMOU-SE DAS AVES, PULANDO ALEGREMENTE. TODAS SE ESPANTARAM COM A PRESENÇA DO SAPO. COMO ELE CHEGOU ALI??? GRANDE MISTÉRIO!!! MAS A FESTA ESTAVA BEM ANIMADA, E NINGUÉM QUIS PENSAR MAIS NISSO.

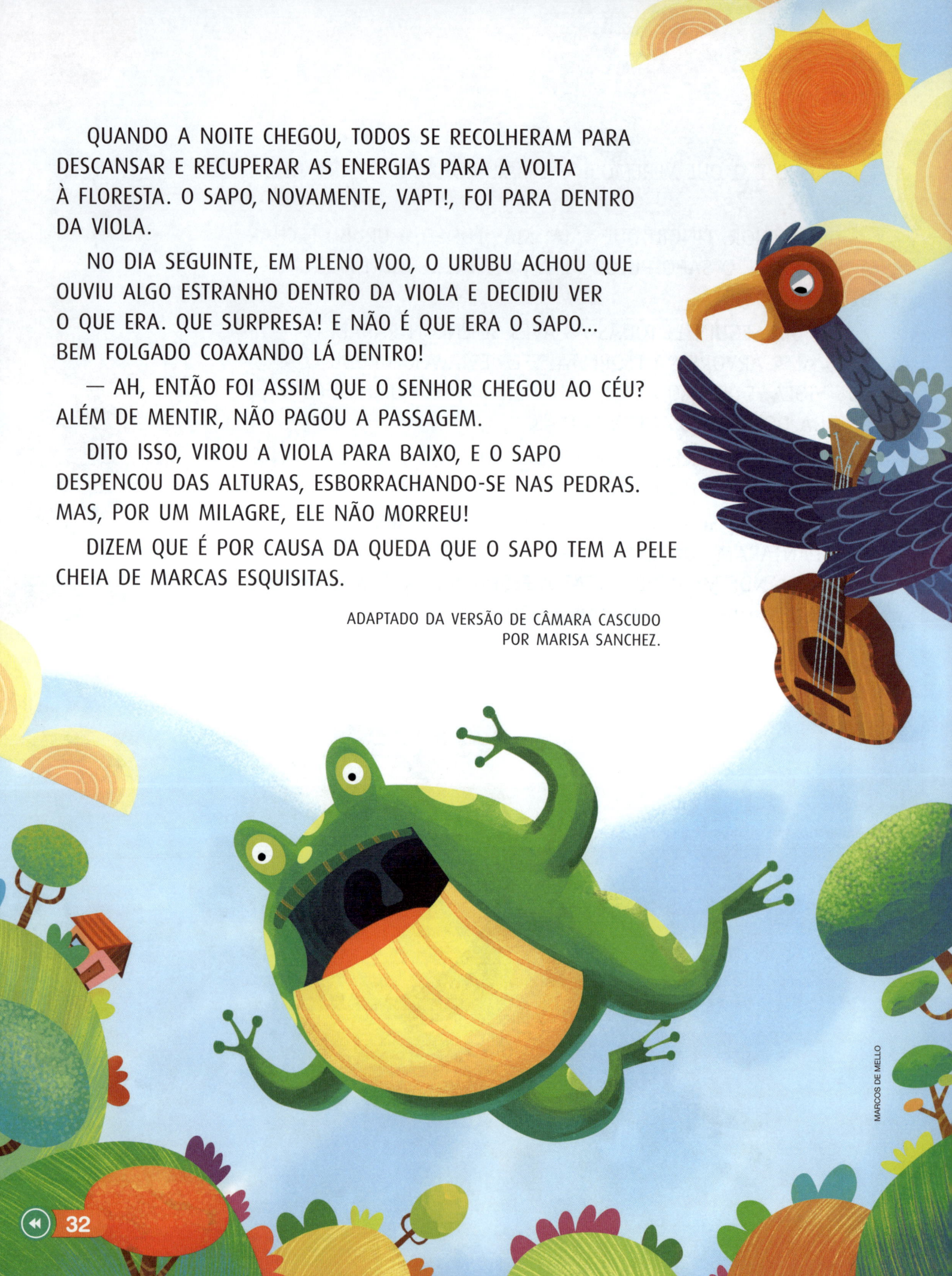

QUANDO A NOITE CHEGOU, TODOS SE RECOLHERAM PARA DESCANSAR E RECUPERAR AS ENERGIAS PARA A VOLTA À FLORESTA. O SAPO, NOVAMENTE, VAPT!, FOI PARA DENTRO DA VIOLA.

NO DIA SEGUINTE, EM PLENO VOO, O URUBU ACHOU QUE OUVIU ALGO ESTRANHO DENTRO DA VIOLA E DECIDIU VER O QUE ERA. QUE SURPRESA! E NÃO É QUE ERA O SAPO... BEM FOLGADO COAXANDO LÁ DENTRO!

— AH, ENTÃO FOI ASSIM QUE O SENHOR CHEGOU AO CÉU? ALÉM DE MENTIR, NÃO PAGOU A PASSAGEM.

DITO ISSO, VIROU A VIOLA PARA BAIXO, E O SAPO DESPENCOU DAS ALTURAS, ESBORRACHANDO-SE NAS PEDRAS. MAS, POR UM MILAGRE, ELE NÃO MORREU!

DIZEM QUE É POR CAUSA DA QUEDA QUE O SAPO TEM A PELE CHEIA DE MARCAS ESQUISITAS.

ADAPTADO DA VERSÃO DE CÂMARA CASCUDO
POR MARISA SANCHEZ.

PARA COMPREENDER O TEXTO

1 ESCREVA O NOME DESTES LUGARES DA HISTÓRIA.

- DEPOIS, FAÇA UM X ONDE FOI A FESTA.

_____   _____

2 QUE ANIMAIS FORAM CONVIDADOS PARA A FESTA?

- PINTE O ☐.

☐ SAPOS.   ☐ AVES.   ☐ GIRAFAS.   ☐ ANTAS.

3 DESENHE O QUE ESSES ANIMAIS CONVIDADOS TÊM QUE LHES PERMITIU IR À FESTA.

4 POR QUE O SAPO NÃO FOI CONVIDADO PARA A FESTA?

_____

5 COMO OS OUTROS ANIMAIS REAGIRAM?

_____

_____

6 RELEIA ESTE TRECHO DO TEXTO.

> ENTÃO, O SAPO BOLOU UM PLANO.

- O QUE VOCÊ ACHA QUE SIGNIFICA A EXPRESSÃO **BOLOU UM PLANO**? PINTE O ☐.

  ☐ O SAPO FEZ UM BOLO PARA LEVAR À FESTA.

  ☐ O SAPO INVENTOU UM JEITO DE IR À FESTA.

  ☐ O SAPO FOI JOGAR BOLA COM OS ANIMAIS.

- SUBLINHE NA PÁGINA 30 O PLANO DO SAPO.

7 ONDE O SAPO SE ESCONDEU PARA IR À FESTA?

- ESCOLHA UM ADESIVO NA PÁGINA 51 E COLE-O AQUI.

8 VEJA ESTA FOTO DE UM SAPO-CURURU.

FABIO COLOMBINI

- SEGUNDO A HISTÓRIA, POR QUE ELE TEM A PELE ASSIM? PINTE O ☐.

  ☐ PORQUE ELE SE MACHUCOU NO CÉU.

  ☐ PORQUE ELE CAIU SOBRE AS PEDRAS.

  ☐ PORQUE ELE FICOU DOENTE.

9 TALVEZ O SAPO TENHA APRENDIDO UMA LIÇÃO.
- QUAL VOCÊ ACHA QUE FOI ESSA LIÇÃO?

_____
_____
_____
_____

10 VOCÊ JÁ VIVEU UMA SITUAÇÃO ASSIM?
- COMO VOCÊ REAGE SE NÃO É CONVIDADO PARA UMA FESTA OU OUTRO EVENTO QUE NÃO É PARA SUA IDADE?
- CONVERSE COM OS COLEGAS SOBRE ISSO.

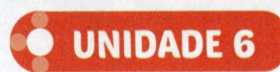

CHIQUINHA MOTA PEREIRA

ÁUDIO
CHIQUINHA MOTA PEREIRA

ERA UMA MENINA QUE TINHA UMA GRANDE AMIGA. SEMPRE QUE ESTAVA COM VONTADE DE BRINCAR, ERA SÓ CHAMAR E A CHIQUINHA APARECIA.

TÁ CERTO QUE A CHIQUINHA SÓ APARECIA PRA ELA E PRA MAIS NINGUÉM. MAS ISSO NÃO FAZIA A MENOR DIFERENÇA, UMA VEZ QUE A AMIGA NÃO ERA DE MAIS NINGUÉM, ERA SÓ DELA.

A MENINA NÃO FICAVA NEM UM POUCO CHATEADA PORQUE AS PESSOAS NÃO VIAM A CHIQUINHA. E ATÉ APRESENTAVA A AMIGA PROS OUTROS, OU PARA SE DIVERTIR, OU PORQUE SE ESQUECIA DESSE PEQUENO DETALHE.

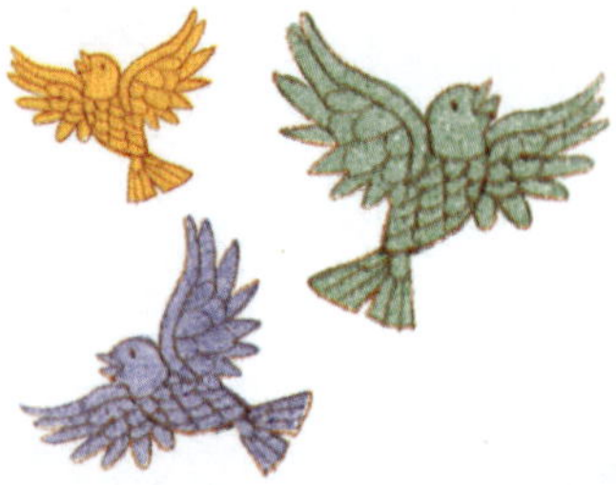

— ESTA AQUI É A CHIQUINHA MOTA PEREIRA, MINHA MELHOR AMIGA.

AS PESSOAS FICAVAM MEIO DESCONFIADAS, OLHANDO PRA CARA DA MENINA. UNS DIZIAM: “CADÊ?”. OUTROS, QUERENDO SER BONZINHOS, COMENTAVAM: “COMO ELA É BONITA!”. E HAVIA AINDA UNS QUE FALAVAM: “TÁ DOIDA, MENINA? NÃO TEM NINGUÉM AÍ”.

A MENINA MORRIA DE RIR. “QUE FALTA DE IMAGINAÇÃO!” ELA SABIA QUE ALGUMAS PESSOAS SÃO MUITO LIMITADAS.

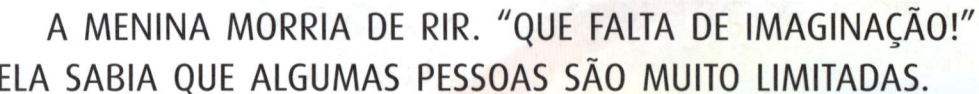

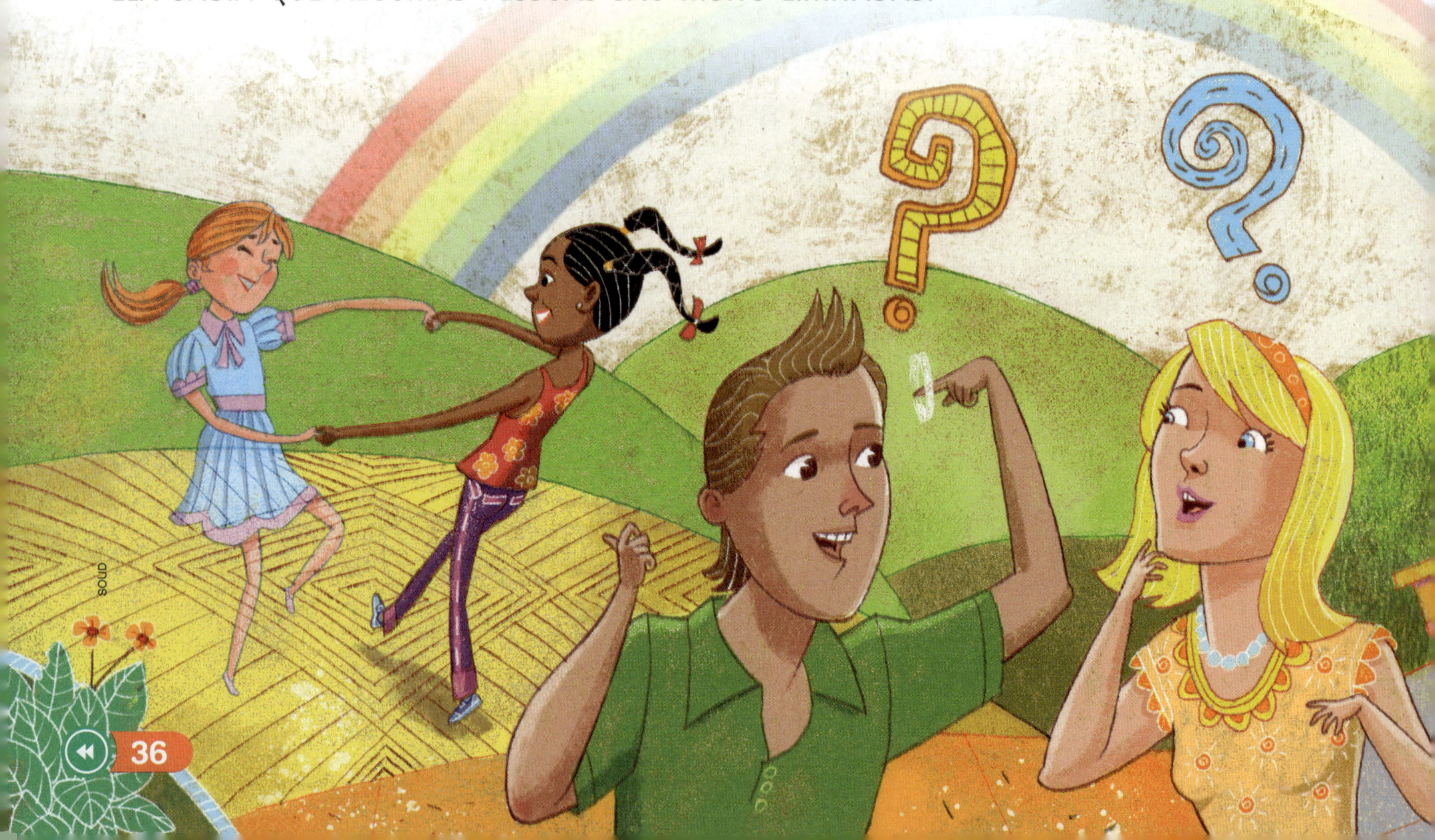

UM DIA AS DUAS VINHAM PASSEANDO PELA RUA, A MENINA E A CHIQUINHA, QUANDO UM MENINO VEIO ANDANDO NA DIREÇÃO DELAS E FALOU:

— CHIQUINHA! VOCÊ NUNCA MAIS APARECEU!

A MENINA NÃO ENTENDEU. E JÁ ESTAVA PENSANDO QUE AQUILO ERA UM SONHO, QUANDO A CHIQUINHA RESPONDEU:

— É QUE A GENTE ANDA TÃO OCUPADA, BRINCANDO POR AÍ...

— A GENTE QUEM? — O MENINO PERGUNTOU.

E A CHIQUINHA APRESENTOU A MENINA.

— ESTA AQUI É A MINHA MELHOR AMIGA. E ESSE É O MEU AMIGO IMAGINÁRIO.

— TÁ DOIDA, CHIQUINHA? NÃO TEM NINGUÉM AÍ!

E O MENINO FALOU ISSO COM AQUELA CARA DE QUEM NÃO ESTÁ VENDO NINGUÉM, QUE É MAIS OU MENOS A MESMA CARA DE QUEM ESTÁ VENDO UM FANTASMA.

DO JEITO QUE TINHA APARECIDO, O MENINO DESAPARECEU, ANTES MESMO QUE A MENINA E A CHIQUINHA PUDESSEM FALAR QUALQUER OUTRA COISA.

E A MENINA DEDUZIU QUE ESSE PROBLEMA DE FALTA DE IMAGINAÇÃO REALMENTE ESTÁ FICANDO CADA VEZ MAIS GRAVE.

ADRIANA FALCÃO. *SETE HISTÓRIAS PARA CONTAR*.
SÃO PAULO: MODERNA, 2008.

PARA COMPREENDER O TEXTO

1 QUEM SÃO AS PERSONAGENS DESSA HISTÓRIA?

_____

_____

2 QUEM É CHIQUINHA MOTA PEREIRA?

_____

_____

3 CHIQUINHA APARECIA QUANDO A MENINA QUERIA FAZER O QUÊ? CIRCULE A RESPOSTA.

| BRIGAR | BRINCAR | ESTUDAR |

- PINTE A CENA QUE MOSTRA O QUE A MENINA E CHIQUINHA FAZIAM JUNTAS.

4 CADA PESSOA REAGIA DE MODO DIFERENTE QUANDO A MENINA LHES APRESENTAVA A CHIQUINHA.

- DESTAQUE DA PÁGINA 51 OS BALÕES DE FALA E COLE-OS NAS PERSONAGENS CERTAS.

5 O MENINO QUE FALOU COM A CHIQUINHA ERA REAL OU IMAGINÁRIO?

_____

6 RELEIA O ÚLTIMO PARÁGRAFO.

  E A MENINA DEDUZIU QUE ESSE PROBLEMA DE FALTA DE IMAGINAÇÃO REALMENTE ESTÁ FICANDO CADA VEZ MAIS GRAVE.

- O QUE A MENINA QUIS DIZER COM ISSO?

  ☐ QUE OS ADULTOS NÃO TÊM IMAGINAÇÃO.

  ☐ QUE AS CRIANÇAS NÃO TÊM IMAGINAÇÃO.

  ☐ QUE ATÉ MESMO OS AMIGOS IMAGINÁRIOS NÃO TÊM IMAGINAÇÃO.

7 VOCÊ TEM UM AMIGO IMAGINÁRIO?
- SE TIVER, DESENHE-O AQUI.
- SE AINDA NÃO TEM... INVENTE UM!

UNIDADE 7

A POMBA E A FORMIGA

UMA FORMIGA, AO BEBER ÁGUA NUM RIACHO, DISTRAIU-SE E FOI LEVADA PELA CORRENTEZA.

— SOCORRO! — GRITAVA ELA, DEBATENDO-SE. — POR FAVOR, ALGUÉM ME AJUDE!

UMA POMBA QUE VOAVA POR ALI OUVIU OS GRITOS E MAIS DO QUE DEPRESSA ATIROU UM PEQUENO GALHO PARA A FORMIGA, QUE PÔDE ASSIM CHEGAR À TERRA FIRME E SE SALVAR.

— MUITO OBRIGADA! — AGRADECEU ELA À POMBA. — NUNCA ME ESQUECEREI DO SEU GESTO.

DIAS DEPOIS, A POMBA ESTAVA DISTRAÍDA NUM GALHO CATANDO BICHINHOS E NEM PERCEBEU QUE UM CAÇADOR FAZIA MIRA PARA MATÁ-LA.

NESSE EXATO MOMENTO, PASSAVA POR ALI A FORMIGA. AO VER O PERIGO QUE SUA BENFEITORA CORRIA, IMEDIATAMENTE PICOU COM FORÇA O TORNOZELO DO CAÇADOR. COM A PICADA, ELE SE ASSUSTOU E ERROU O TIRO.

A POMBA, ADVERTIDA PELO BARULHO, ESCAPOU PARA BEM LONGE.

ROSANE PAMPLONA.
MORAL DA HISTÓRIA... FÁBULAS DE ESOPO.
SÃO PAULO: ELEMENTAR, 2013.

PARA COMPREENDER O TEXTO

1 ONDE A FORMIGA ESTAVA BEBENDO ÁGUA?

☐ NUM RIO.   ☐ NUM RIACHO.   ☐ NUM CÓRREGO.

2 O QUE ACONTECEU COM A FORMIGA?

_____

_____

3 QUEM SALVOU A FORMIGA?

☐ A POMBA.   ☐ A BOMBA.   ☐ A TROMBA.

4 PINTE A CENA QUE MOSTRA COMO A FORMIGA SE SALVOU.

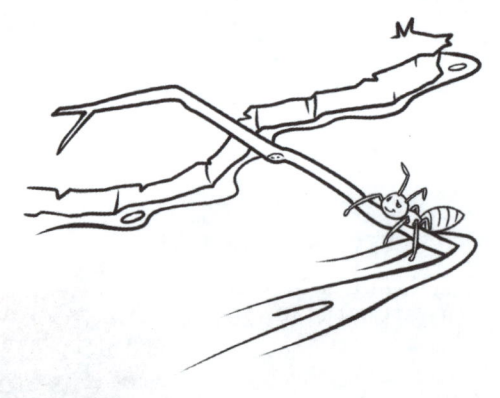

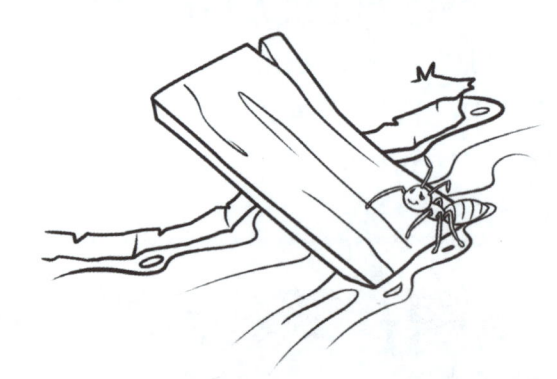

5 LIGUE A FALA À PERSONAGEM.

— MUITO OBRIGADA! — AGRADECEU ELA À POMBA. — NUNCA ME ESQUECEREI DO SEU GESTO.

6 COMO A FORMIGA SALVOU A POMBA?

_____

_____

UNIDADE 8

EU, O XIXIPOSSAURO

MEU NOME É JIN, EU SOU UM XIXIPOSSAURO. HOJE FOI UM DIA MUITO ESPECIAL PARA MIM, POIS FUI NOMEADO CAPITÃO DE UM TIME DA ESCOLA! SE ALGUÉM HÁ ALGUNS MESES ME TIVESSE DITO QUE ISSO IA ACONTECER, EU JAMAIS ACREDITARIA. E VOU CONTAR PARA VOCÊS O MOTIVO.

CHEGUEI NESTA ESCOLA HÁ POUCO TEMPO. NASCI NA CHINA, E COMO XIXIPOSSAUROS NÃO SÃO COMUNS NO BRASIL, TODOS RIAM QUANDO EU ME APRESENTAVA.

— XIXI O QUEEEÊ?!

— XIXIPOSSAURO — EU REPETIA.

MAS A TURMA CONTINUAVA BRINCANDO COM MEU NOME:

— XIXIPOPÔ!

— PIPIPOSSAURO!

ERA A MAIOR CONFUSÃO!

UM TEMPO DEPOIS, A ESCOLA ABRIU INSCRIÇÕES PARA A DINOLIMPÍADA, E EU QUIS ENTRAR NO TIME DE FUTEBOL. ESTAVA LOUCO PARA APRENDER A JOGAR O ESPORTE MAIS POPULAR DO MEU NOVO PAÍS!

ÁUDIO
EU, O XIXIPOSSAURO

LAIS BICUDO

Só que o capitão da equipe era o Rex, um antipático tiranossauro. Ele disse que queria formar um time imbatível e que xixipossauros não eram ágeis como os tiranossauros, nem altos como os braquiossauros ou fortes como os estegossauros. E que era melhor eu procurar a minha turma! Mas eu não tinha turma, então me inscrevi em uma modalidade individual.

Hoje, abertura da Dinolimpíada, saí animado de casa para assistir aos jogos de futebol e torci pra valer pela minha escola, mas o que vi no campo foi uma bagunça.

— Mais velocidade nas jogadas, bando de quadrúpedes!
— Bradava Rex.
— Tire essa cauda espinhuda do meu caminho!
— Dizia o braquiossauro.
— Saia você da minha frente, ô pescoçudo!
— Respondia o estegossauro.

Nem pareciam do mesmo time... E assim fomos eliminados.

Sem o futebol, a torcida não teve opção senão assistir a modalidades menos populares, como a minha: o tênis de mesa. O ginásio estava lotado!

Acenei confiante para o público quando o professor anunciou meu nome e, com a raquete, fiz jogadas radicais que aprendi com meu avô. *Pingue* pra lá, *pongue* pra cá, fui eliminando adversários e, quando percebi, havia conquistado o ouro!

Que alegria mostrar um esporte tão popular na China! Minha vitória foi celebrada com entusiasmo, e o professor até decidiu montar uma equipe de tênis de mesa na escola!

— E você será o capitão, Jin! — ele disse.

A torcida ficou tão eufórica que inventou um grito de guerra:

No tênis de mesa, não tem pra ninguém
Veja lá no dicionário chinês-português
Como é que se diz "O Jin é nosso rei!"
É o xixipossauro... 1, 2, 3!

E me levantaram para uma inesquecível volta dinolímpica!

LUCIANA SAITO. Conto inédito.

PARA COMPREENDER O TEXTO

1 PINTE DE VERDE O QUADRINHO DO PAÍS ONDE JIN NASCEU E DE AZUL O PAÍS PARA ONDE ELE SE MUDOU.

YUNNAN, CHINA.    KIOTO, JAPÃO.    CURITIBA, BRASIL.

2 POR QUE OS COLEGAS DA ESCOLA CAÇOAVAM DO NOME DO XIXIPOSSAURO?

_____

_____

_____

3 JIN SABIA JOGAR FUTEBOL?   ☐ SIM.   ☐ NÃO.

- POR QUE ELE QUERIA JOGAR FUTEBOL?

    ☐ PORQUE QUERIA FAZER AMIGOS NO NOVO PAÍS.

    ☐ PORQUE, NA CHINA, O FUTEBOL É UM ESPORTE POPULAR.

    ☐ PORQUE QUERIA APRENDER O ESPORTE MAIS POPULAR DO NOVO PAÍS.

4 VEJA A ESCALAÇÃO DO TIME DE FUTEBOL DA DINOLIMPÍADA.

TIRANOSSAURO	BRAQUIOSSAURO	ESTEGOSSAURO
_____	_____	_____

- ASSINALE O CAPITÃO DO TIME.
- ESCREVA A CARACTERÍSTICA DE CADA JOGADOR QUE O XIXIPOSSAURO NÃO TEM.
- NO DIA DO JOGO, ESSAS CARACTERÍSTICAS AJUDARAM OU ATRAPALHARAM O RESULTADO?

_____

5 EM QUAL DESTES ESPORTES JIN SE INSCREVEU?

☐ FUTEBOL. ☐ TÊNIS DE MESA.

☐ TÊNIS. ☐ BASQUETE.

6 DESTAQUE DA PÁGINA 51 A MEDALHA QUE JIN GANHOU NA COMPETIÇÃO E COLOQUE-A NELE.

VOCÊ SABIA?

UM FÓSSIL DE XIXIPOSSAURO FOI DESCOBERTO EM 2010, NA CHINA.

XIXIPO (VILA CHINESA ONDE FOI ENCONTRADO)

+

SAURO (LAGARTO)

=

LAGARTO DE XIXIPO

- ✓ NOME CIENTÍFICO: *XIXIPOSAURUS SUNI*
- ✓ MEDIDA: 4 METROS DE COMPRIMENTO
- ✓ MASSA CORPORAL: 200 QUILOGRAMAS
- ✓ ALIMENTAÇÃO: HERBÍVORO

ADESIVOS

- DESTAQUE E COLE NAS PÁGINAS 17 E 18.

E PARA O CAFÉ?

E PARA O PÃO?

E PARA O LEITE?

- DESTAQUE E COLE NA PÁGINA 27.

- DESTAQUE O INSTRUMENTO CORRETO E COLE NA PÁGINA 34.

- DESTAQUE E COLE NA PÁGINA 39.

CADÊ?

COMO ELA É BONITA!

TÁ DOIDA, MENINA? NÃO TEM NINGUÉM AÍ.

- DESTAQUE E COLE NA PÁGINA 47.